DIETA PALEO

O último guia de dieta paleo para perda de peso

(Receitas de perda de peso rápida com benefícios surpreendentes)

Sandor Aguayo

Traduzido por Jason Thawne

Sandor Aguayo

Dieta Paleo: O último guia de dieta paleo para perda de peso (Receitas de perda de peso rápida com benefícios surpreendentes)

ISBN 978-1-989891-65-0

Termos e Condições

De modo nenhum é permitido reproduzir, duplicar ou até mesmo transmitir qualquer parte deste documento em meios eletrônicos ou impressos. A gravação desta publicação é estritamente proibida e qualquer armazenamento deste documento não é permitido, a menos que haja permissão por escrito do editor. Todos os direitos são reservados.
As informações fornecidas neste documento são declaradas verdadeiras e consistentes, na medida em que qualquer responsabilidade, em termos de desatenção ou de outra forma, por qualquer uso ou abuso de quaisquer políticas, processos ou instruções contidas, é de responsabilidade exclusiva e pessoal do leitor destinatário. Sob nenhuma circunstância qualquer, responsabilidade legal ou culpa será imposta ao editor por qualquer reparação, dano ou perda monetária devida às informações aqui contidas, direta ou indiretamente. Os respectivos autores são proprietários de todos os direitos autorais não detidos pelo editor.
Aviso Legal:
Este livro é protegido por direitos autorais. Ele é designado exclusivamente para uso pessoal. Você não pode alterar, distribuir, vender, usar, citar ou parafrasear qualquer parte ou o conteúdo deste ebook sem o consentimento do autor ou proprietário dos direitos autorais. Ações legais poderão ser tomadas caso isso seja violado.
Termos de Responsabilidade:

Observe também que as informações contidas neste documento são apenas para fins educacionais e de entretenimento. Todo esforço foi feito para fornecer informações completas precisas, atualizadas e confiáveis. Nenhuma garantia de qualquer tipo é expressa ou mesmo implícita. Os leitores reconhecem que o autor não está envolvido na prestação de aconselhamento jurídico, financeiro, médico ou profissional.

Ao ler este documento, o leitor concorda que sob nenhuma circunstância somos responsáveis por quaisquer perdas, diretas ou indiretas, que venham a ocorrer como resultado do uso de informações contidas neste documento, incluindo, mas não limitado a, erros, omissões, ou imprecisões.

Índice

Parte 1..1

Introdução...2

Capítulo 1: Receitas De Café Da Manhã Paleo.....................3

Panquecas De Farinha De Coco: 3

PANQUECAS DE AMÊNDOA-MORANGO 6
CAÇAROLA SABOROSA PARA O CAFÉ DA MANHÃ 7

Capítulo 2: Receitas De Refeições Paleo 9

PORCO COM TEMPERO ASIÁTICO 9
SALADACAESAR DE FRANGO E ABACATE..............................10
GUISADO DE CARNE..12
REFOGADO DE CARNE E COGUMELOS: 15
BOLINHOS DE ATUM 16
ARROZ FRITO INDONÉSIO 19
LINGUIÇA COM VEGETAIS GRELHADOS................................21

Capítulo 3: Receitas De Sobremesas Paleo 23

MACARONS COM COBERTURA DE MORANGO 24
PICOLÉ DE FRUTAS...26

Conclusão..28

Parte 2...30

Introdução...31

O QUE É A DIETA PALEO?...34
Os Problemas De Saúde 36
O Reaparecimento Da Dieta Paleo....................................36
PRIMEIROS PASSOS 39
Pensando Na Comida..39
Tornando-Se Ativo 41
O Fator Mental 42
Você Pode Fazer Isso!..43
OS BENEFÍCIOS À SAÚDE DE UMA VIDA PALEO.....................45

Perder Peso E Fortalecer-Se.. 45
Reduza A Pressão Arterial 46
Reduz A Constipação... 47
Reduz O Risco De Câncer.. 48
Uma Lista Rápida... 49
E Muito Mais 49
Tipos De Alimentos A Serem Consumidos......................... 51
Vegetais 51
Frutas 53
Carnes Bovinas E De Frango 54
Peixe.. 55
Caça Selvagem.. 56
Bebidas.. 56
Oleaginosas... 57
Condimentos E Temperos. 57
Tipos De Alimentos A Serem Evitados 60
Pães, Grãos E Cereais 60
Laticínios 61
Álcool 62
Doces... 62
Sem Açucares.. 63
Alimentos Gordurosos 63
Sal 64
Bebidas.. 64
Faça A Lista De Compras 67
Frutas E Vegetais Frescos... 67
Carne, Peixes E Frutos Do Mar... 68
Alimentos Congelados... 69
Outros 69
Saindo Dos Trilhos Da Paleoe Voltando Ao Caminho Certo . 71
Mantendo Um Registro Desde O Início 71
O Que Faz Você Escorregar?... 72
Subindo A Bordo Novamente.. 73
Adicionando Exercícios À Sua Vida 75
Escolhendo O Tipo Certo De Exercício 76
Exercitando-Se Em Casa 77

RECEITAS PALEO QUE TEM UM SABOR ÓTIMO (E SÃO FÁCEIS DE FAZER) 80

Hamburger Proteico 80

Salada Fácil De Atum E Espinafre 81

Salmão Assado Com Nozes E Ervas 82

Chilipaleona Panela Elétrica 83

Salada "Breakfast" 85

Muffinsde Banana E Nozes 86

Rolinhos De Frios, Um Petisco Rápido E Fácil 88

Mixde Cereais Paleo 90

Salada Simples Com Carne 91

Frango Assado Ao Limão E Alho 92

É Fácil E Delicioso 94

Conclusão 95

Parte 1

Introdução

Eu quero agradecer e parabenizar você por baixar o livro,*dieta paleolítica.*Este livro contém passos e estratégias comprovadosde como perder peso de maneira saudável mudando para a dieta Paleo. Esta dieta é um dos mais antigos planos alimentares conhecidos pela civilização humana.É fato conhecido que a comida processada que consumimos hoje é a causa fundamental da maioria das doençasque estão se espalhando amplamente.Se retornarmos às nossas raízes e optarmos pela comida que o homem Paleolítico ingeria, você terá sucesso em manter seu corpo saudável ese livrará de todos os conservantes artificiais que entram no processamento de nossos alimentos.

Para facilitar sua transição de uma dieta normal para a dieta Paleo diet, eu trouxe para você 15 gostosas receitas Paleo, que te ajudarão a manter os quilos extra longe.

Obrigado novamente por baixar este livro, espero que você curta!

Capítulo 1: Receitas de Café da Manhã Paleo

Panquecas de Farinha de Coco:

Ingredientes:

- 4 colheres de sopa de óleo de coco extra virgem
- 2 colheres de sopa de mel puro
- 6 ovos grandes
- ½ xícara de leite de coco
- 1 colher de chá de extrato de baunilha
- ½ xícara de farinha de coco, peneirada
- ½ colher de chá de creme tártaro
- ¼ colher de chá de bicarbonato de sódio
- ¼ colher de chá de sal marinho
- Mel puro para servir

Método:

1. Numatigela adicione óleo de coco e mel. Misture bem até ficar numa textura cremosa.
2. Adicione um ovo de cada vez. Bata bem até ficar liso.

3. Adicione a farinha de coco e junte até ficar suave.
4. Adicione o bicarbonato de sódio, o creme tártaro e sal. Misture.Não bata muito neste estágio.
5. Adicione um pouco de manteiga numa frigideira antiaderente. Despeje uma colher de sopa da massa(você pode colocar mais massa se quiser panquecas maiores). Cozinhe até a parte de baixo dourar. Vire-a. Cozinhe o outro lado também.
6. Repita o passo 5 com o restante da massa.
7. Sirva quente com mel puro.

Vitamina de Abóbora e Oxicoco

Ingredientes:

- 1 xícara de purê de abóbora fresca
- ½ xícara de oxicocos frescos ou congelados
- 1 maçã grande, sem sementes, picada em pedaços
- 1 laranja, descascada, separada em segmentos
- 2 xícaras de leite vegetal de sua escolha
- ½ xícara de castanhas de caju cruas, de molho em água por poucas horas
- 4 colheres de sopa de creme de coco ou manteiga de coco
- 1 ½ colher de chá de canela moída
- 10-15 gotas de stevia ou mel ou xarope de bordo a gosto

Método:

1. Coloque todos os ingredientes num liquidificador e bata até ficar homogêneo. Adicione mais leite para

diluir se você desejar uma vitamina de consistência mais fina.

2. Despeje em taças altas.
3. Sirva com gelo.

Panquecas de Amêndoa-Morango
Ingredientes:

- 2-3 morangos maduros
- 2 colheres de sopa de farinha de amêndoa
- 1/2 colher de sopa de mel
- 50 ml de leite de coco

Método:

1. Numa tigela larga , combine todos os ingredientes e misture bem até que todos os ingredientes estejam incorporados.
2. Aqueça uma frigideira antiaderente em fogo médio e despeje a massa.
3. Cozinhe por 5 minutos até cozinhar de um lado, vire e deixe cozinhar por mais 2 minutos.

4. Sirva coberta com fatias de morango fresco.

Caçarola Saborosa para o Café da Manhã

Ingredientes:

- 6 ovos, misturados
- 1 batata doce pequena, ralada
- 220 g de chouriço
- 1 colher de chá de molho Sriracha – referência no capítulo 1
- 1 cebola amarela pequena, em cubinhos
- 1/2 colher de chá de cebola em pó
- 1/2 colher de chá de alho em pó
- 1/2 colher de chá de pimenta em pó
- 1/2 colher de chá de sal

Método:

1. Coloque uma frigideira em fogo médio. Adicione o chouriço e cozinhe até ficar esmigalhado. Retire do fogo e reserve.
2. Adicione o chouriço, e o resto dos ingredientes à tigela com os ovos batidos. Misture bem.
3. Despeje numa travessa untada.

4. Asse em forno pré aquecido a 148ºC por 20 minutos ou até secar. Deixe descansar no forno por 10 minutos antes de servir.

Capítulo 2: Receitas de Refeições Paleo

Porco com Tempero Asiático
Ingredientes:

- 1/2 colher de sopa de manteiga, com baixo teor de gordura
- 1/2 cebola, em cubinhos
- 1/8 xícara de mel
- 1/2 colher de sopa de pimenta do reino em pó
- 1/2 colher de sopa de de molho de peixe
- 1 colher de sopa de páprica em pó
- 1/2 colher de sopa de mostarda Dijon
- 680g de paleta suína
- 2 dentes de alho
- 2 xícaras de tomate, fatiado fino

Método:

1. Deixe seu forno pré aquecido a 160 graus Celsius.
2. Aqueça a manteiga em fogo baixo numa panela, e frite a paleta nela. Certifique-se de que todos os lados da

paleta estão dourados antes de tirar do fogo.

3. Em outra panela refogue o alho e a cebola até dourar.
4. Adicione o restodos ingredientes e misture bem.
5. Devolva o porco à panela e salteie por uns minutos.
6. Transfira o prato para um recipiente para cozimento lento e asse por aproximadamente 5 horas.
7. Quando o prato atingir temperatura ambiente, desfie o porco.
8. Sirvaquente.

SaladaCaesar de Frango e Abacate
Ingredientes:

Para a salada:

- 3 peitos de frango, sem pele, desossados
- 2 pés de alface Romana, rasgados
- 6 fatias de bacon, assados, esfarelados

- 1 abacate grande, descascado, descaroçado, fatiado
- 3 ovos, cozidos, fatiados
- 2 colheres de chá de alho em pó
- 3 colheres de chá de orégano seco
- 2 colheres de chá de pimentachili em pó ou a gosto
- Sal marinho a gosto
- Pimenta do reino moída na hora a gosto

Para o molho Caesar:

- 1 ½ xícaras de maionese
- 3 colheres de sopa de suco de limão fresco
- 3 dentes de alho, picados
- 1 ½ colheres de chá de mostarda Dijon
- 3 colheres de chá de pasta de anchovas
- Sal marinho a gosto
- Pimenta do reino moída na hora a gosto

Método:

1. Misture numa tigela pequena, chili em pó, alho em pó, orégano, sal e pimenta. Esfregue esta mistura nos peitos de frango.
2. Grelhe os peitos de frango numa grelha pré aquecida (fogo alto a médio) até chegar ao ponto.
3. Tire e coloque numa tábua de corte. Quando esfriar ao toque, fatie o frango.
4. Para fazer o molho: Misture todos os ingredientes do molho numa tigela e misture bem.
5. Coloque a alface, bacon e o abacate numa tigela e sacuda bem. Dividaesta mistura em louças individuais. Coloque as fatias de frango e as fatias de ovo em cima.
6. Derrame molho Caesar por cima e sirva.

Guisado de Carne
Ingredientes:

- 340 g carne bovina para guisado
- 113 g de cogumelos, fatiados
- 1 batata doce média, descascada, cortada em pedaços grandes

- 1 cebola média, picada
- 1 talo de aipo, picado
- 1 1/2 colheres de sopa de alho, picadinho
- 1 colher de sopa de óleo de coco
- 1 colher de sopa de manteiga
- 1 folha de louro
- 3 xícaras de caldo de carne
- 1/2 colher de chá de alho em pó
- 1 colher de sopa de fécula de araruta
- 1/2 colher de sopa de vinagre balsâmico
- Sal a gosto
- Pimenta em pó a gosto

Método

1. Coloque uma grande panela de ferro ou tacho sobre fogo médio. Ponha o óleo de coco. Quando o óleo derreter, junte as cebolas e o alho e refogue até as cebolas ficarem translúcidas.
2. Salpique alho em pó, sal e pimenta na carne. Envolva-a bem.
3. Enquanto isso, coloque uma frigideira sobre fogo médio. Adicione ½ colher de

sopa de manteiga. Quando a manteiga derreter, ponha a carne e cozinhe os lados igualmente por um minuto cada. Retire da frigideira e transfira para a panela.

4. Junte 2 xícaras do caldo de carne e reduza para fogo baixo.
5. Adicione as batatas doces, aipo e a folha de louro e mexa. Deixe cozinhar brandamente.
6. Enquanto isso, adicione a manteiga restante à frigideira. Adicione os cogumelos e salteie até ficarem macios. Ponha o vinagre.
7. Misture a fécula de araruta ao restante do caldo de carne. Adicioneisto à panela dos cogumelos mexendo constantemente até engrossar. Transfira para a panela de ferro. Misture bem e ferva por aproximadamente uma hora ou até que a carne esteja cozida.
8. Encha tigelas com o guisado e sirva.

Refogado de Carne e Cogumelos:
Ingredientes:

- 230 g de fatias de fraldinha oufilé mignon, cortadas em tiras finas
- 2 dentes de alho, picadinhos
- 115 gcogumelos crimini, fatiados
- 57 gcogumelos shiitake, em metades
- 2 xícaras de brócolis ou couve, descarteas hastes e nervuras duras, picadas
- 1 colher de sopa de óleo de coco

Para a marinada:

- ½ xícara de caldo de carne
- 1 ½ colheres de sopa de vinagre de arroz
- 1 pedaço de gengibre de 2,5 cm, triturado
- 1 dente de alho, triturado
- Sal a gosto
- Pimenta em pó a gosto

Método:

1. Para a marinada: Misture todos os ingredientes da marinada juntos numa

tigela grande. Junte a carne. Misture bem e deixe na geladeira por pelo menos uma hora.

2. Para refogar: Ponha a frigideira em fogo médio. Coloque o óleo de coco. Quando o óleo estiver aquecido, pegue a carne com uma escumadeira e coloque na frigideira. Reserve a marinada. Adicione alho.

3. Salteie por 3-4 minutos. Remova e deixe à parte.

4. À mesma frigideira, junte os cogumelos, a couve, e a marinada reservada. Cozinhepor 4-5 minutos. Adicione a carne. Mexabem.

5. Retire do fogo e sirva imediatamente.

Bolinhos de Atum
Ingredientes:

- 1 ½ colheres de sopa de ghee, separadas
- 141 gde atum albacora em conserva enlatado, escorrido
- ¼ xícara de cebolinha, finamente fatiada

- 1 colher de sopa de coentro, picadinho
- ¾ xícara de batata doce assada, descascada, amassada
- Raspas de um limão, raladas
- ½ colher de sopa de pimenta jalapeno, triturada
- 1 ovo grande
- ¼ colher de chá de pimenta calabresa em flocos
- Sal Kosher a gosto
- Pimenta do reino moída na hora a gosto
- 2 limões cortados em gomos (opcional)

Método:

1. Junte o atum, a cebolinha, o coentro e a batata doce numa tigela.
2. Adicione as raspas de limão, a jalapeno, metade da ghee, o ovo, a pimenta calabresa em flocos, sal e pimenta. Misture bem.
3. Unte forminhas para muffin com a manteiga clarificada restante. Encha as forminhas de muffin com 4 colheres de sopa da mistura. Nivele a mistura com uma colher.

4. Asse em forno pré aquecido a 180 graus C por aproximadamente 20-25 minutos ou até quando inserido um palito de madeira, ele saia limpo.

5. Coloque sobre uma grade para esfriar. Solte as bordas com uma faca e inverta os bolinhos num prato. Sirva com os gomos de limão.

6. Para maior crocância, frite os bolinhos numa frigideira com mais um pouco de gheeaté ficar crocante. Sirvaquente com um molho de sua escolha.

Arroz Frito Indonésio
Ingredientes:

- 20 camarões frescos, descascados, picados em pedaços menores
- 4 filés de coxas de frango, sem gordura, picados em pedaços pequenos
- 4 colheres de chá de óleo de coco
- 5 xícaras de couve-flor, picada em pedaços pequenos
- 1 cebola média, picada
- 1 cenoura grande, descascada, picada
- 2 dentes de alho, picados
- 2 colheres de chá de molho de peixe
- 4 colheres de sopa de molho cremoso de pimenta com vinagre "sambal oelek" ou similar
- 6 colheres de sopa de shoyu de coco oumolho de tamarindo
- 1 colher de sopa de mel
- 4 ovos
- 1 colher de chá de óleo de gergelim (opcional)
- 2 colheres de sopa de coentro fresco, picado

Método:

1. Coloque uma wok em fogo alto. Adicione 2 colheres de chá de óleo de coco. Quando o óleo derreter, junte os camarões e o sal e refogue por alguns minutos. Transfira os camarões para um prato.
2. Adicione o frango à wok e refogue por uns 4 minutos ou até dar o ponto.Mexa frenquentemente. Transfira para o prato de camarões.
3. Adicione 2 colheres de chá do oleo à wok. Reduza o fogo para médio-alto e coloque as cebolas. Salteie até que as cebolas fiquem translúcidas.
4. Adicione a couve-flor, as cenouras, o alho, o sambal oelek, mel, molho de tamarindo e o molho de peixe. Também ponha o óleo de gergelim se quiser usar. Mexa por poucos segundos e junte os camarões e o frango.
5. Enquanto isso coloque outra frigideira em fogo médio. Frite os ovos, até que a parte de cima das claras fiquem firmes e as gemas moles.
6. Sirva o arroz frito coberto com os ovos fritos. Salpique o coentro por cima.

Linguiça com Vegetais Grelhados

Ingredientes:

- 3 linguiças grandes
- 227 g de aspargos, cortados em pedaços de 5 cm
- 1 pé pequeno de couve-flor, cortado em buquês
- 1 pimentão, cortados em quadrados de 2,5 cm
- 1 tomate, em quatro partes
- 1/2 colher de sopa de tomilho fresco,picadinho
- 1 colher de sopa de manjericão fresco, picadinho
- 1 colher de sopa de azeite de oliva
- Sal marinho a gosto
- Pimenta em pó a gosto

Método:

1. Pré-aqueça a churrasqueira em fogo médio.
2. Enquanto isso ponha os aspargos, a couve-flor, o pimentão e os tomates numa tigela. Adicione o azeite, manjericão, tomilho, sal e pimenta. Misture bem.

3. Transfira os vegetais para uma grelha dupla e asse por 12-15 minutos ou até chegar ao ponto. Remova da churrasqueira.
4. Coloque as linguiças na grelha e asse por 8-10 minutos.
5. Removada churrasqueira. Quando esfriar o suficiente para manusear, fatie as linguiças. Junte aos vegetais, misture bem e sirva.

Capítulo 3: Receitas de Sobremesas Paleo

Pudim de Frutas

Ingredientes:

- 908 gde frutas congeladas à sua escolha como morangos, amoras etc.
- 4 xícaras de suco de laranja fresco
- 10 colheres de sopa de goma de tapioca
- Folhas de hortelã, opcional

Method:

1. Ponha um tacho em fogo médio. Adicione as frutas e o suco de laranja.
2. Deixe levantar fervura. Diminua o fogo e deixe cozinhar por mais ou menos 12 -15 minutos.
3. Passe as frutas cozidas por uma peneira de malha fina dentro de uma tigela. Transfira o resíduo da peneira para um potinho e coloque no refrigerador.
4. Despeje as frutas coadas da tigela para o tacho. Coloque o tacho em fogo baixo. Deixe ferver.

5. Enquanto isso, misture em uma tigela, goma de tapioca, um pouco de água e um pouco do líquido coado. Mexabem.
6. Adicione esta mistura ao tacho mexendo constantemente até engrossar.
7. Esfrie por um tempinho e despeje em tigelas para servir. Resfrie por poucas horas.
8. Para servir, adicione um pouquinho das frutas cozidas do potinho (que foram refrigeradas).

Macarons Com Cobertura de Morango
Ingredientes:

- 3 xícaras de coco ralado
- 2/3 de xícara de leite de coco
- 1 clara de ovo
- 1/2 colher de chá de extrato de baunilha
- 1 colher de chá de suco de limão
- 1 colher de chá de raspas de limão
- Uma pitada de sal

Calda de Morango

- 5 colheres de sopa de manteiga derretida
- 1/2 xícara de mel
- 1 xícara de morangos em purê

Método

1. Misture todos os ingredientes do macaron de maneira que não forme grumos.
2. Deposite 2 colheres de sopa da mistura numa assadeira previamente untada com manteiga.
3. Pré aqueça o forno a 160 graus Celsius por dez minutos.
4. Asse os macarons por 20 minutos até que seus lados dourem.

Para a cobertura de morango

1. Combine o pure de morango, mel e a manteiga e dê uma boa misturada.
2. Coloque uma quantidade do tamanho de uma moeda do purê por cima de cada macarone sirva.

Banana Frita Com Mel

Ingredientes:

- 2 bananas, fatiadas
- 2 colheres de sopa de mel
- ½ colher de chá de canela
- ¼ xícara de óleo de coco
- ½ xícara de água morna

Método:

1. Coloque uma frigideira em fogo médio. Adicione o óleo de coco. Quando o oleo derreter, adicione as fatias de banana.
2. Frite por 2 minutos. Vire as bananas para o outro lado e frite por 2 minutos também. Remova e coloque numa tigela para servir.
3. Enquanto isso misture a água e o mel. Reserve.
4. Espalhe a mistura de mel e água sobre as bananas. Salpique a canela e sirva.

Picolé de Frutas

Ingredientes:

- 454 g de frutas mistas (morangos, kiwis, laranjas,romãs, melancias)- em cubos
- 1 limão
- 1/2 xícara de água

Método:

1. Coloque todas as frutas num liquidificador junto com a água e bata até ficar homogêneo.
2. Adicione o suco do limão e misture bem.
3. Ponha a mistura em moldes para Picolés e congele por 4 horas.

Conclusão

Obrigado novamente por baixar este livro!

Espero que vocês tenham gostado das receitas neste livro e estejam ansiosos para cozinhá-las vocês mesmos e experimentá-las.Todos os ingredientes usados nessas receitas estão facilmente disponíveis.Para melhores resultados,use os produtos mais frescos e orgânicos. Você pode até dar seu próprio toque a essas receitas, desde que você use ingredientes Paleo compatíveis.

Assim sendo, terminarei este livro. Espero que tenham achado-o útil.

Finalmente, se você gostou do livro, então eu gostaria de pedir um favor, poderia por gentileza deixar uma avaliação para este livro? Eu ficaria muito feliz!

Clique aqui para deixar uma avaliação sobre este livro!

Obrigado e boa sorte!

29

Parte 2

Introdução

Você está cansado e doente de sentir-sedoente ecansado? Alimentar-se de forma não saudável, com alimentos processados sendo impostos a nós nas prateleiras dos supermercados e em praticamente todos os restaurantes fast-food, está tornando as pessoas obesas, doentes e apáticas.

Essa comida nociva, repleta de conservantes, produtos químicos e pesticidas, está causando um número sem precedentes de doenças no país e contribuindo para a maior taxa de obesidade da nossa história.

A dieta americana típica é cheia de carboidratos, gorduras e açúcares e tem muito pouco, se algum, valor nutricional. À medida que nossa vida vai se tornando mais ocupada, nós geralmente sucumbimos aos alimentos que são mais convenientes, tanto econômica quanto prazerosamente, como a típica corrida ao

Drive-Thrucom X-burgers, batatas fritas e refrigerantes.

Além disso, tecnologias modernas e conveniências têm feito com que saiamos menos, contribuindo para um estilo de vida sedentário com pouco exercício. Frequentemente as desculpas para a nossa dieta errada e a falta de exercício são o "muito ocupado" ou "muito cansado".

O resultado é um ciclo sem fim de obesidade, incapacidade de perder peso, dores musculares, constipações, problemas de digestão, falta de energia e uma variedade de doenças como colesterol alto, cardiopatias, pressão arterial alta e muitas doenças autoimunes.

É muito simples. Para sermos saudáveis e termos nossos corpos funcionando como eles foram projetados, temos que mudar nossa dieta e estilo de vida. Nós não podemos continuar com os mesmos hábitos ruins e esperar melhores resultados.

Essa é a proposta da dieta ou estilo de vida Paleo. Não é uma dieta da moda e eu, na verdade, não gosto de usar o termo dieta porque implica em algo temporário. É uma mudança de estilo de vida.

É hora de você mudar de vida. É hora de você começar a viver no estilo Paleo e este livro irá mostrar como fazer isso. Você terá acesso a algumas receitas iniciais ótimas para começar. Vamos lá então!

O que é a Dieta Paleo?

Vamos fazer uma viagem de volta no tempo. Vamos voltar ao tempo dos nossos antepassados e ver onde foi que tudo começou a dar errado. Precisaremos voltar milhares de anos, voltar aos dias em que nossos ancestrais ainda eram caçadores e colhedores, antes deles se tornarem tão sedentários.

Lá atrás, a humanidade era forte, magra e tinha uma dieta muito mais saudável. Eles trabalhavam por sua comida e aquele trabalho não se resumia em sentarem-se atrás de uma mesa de computador por dez horas todos os dias.

Não havia supermercados e restaurantes com alimentos processados ou pesticidas aplicados em nossas frutas e vegetais. Obesidade e a maioria das doenças, como câncer, não existiam. Então as coisas mudaram.

O plantio e cultivo de grãos começou a mudar nossa dieta e muitos concordarão que essas mudanças, aliadas à produção em massa, iniciou uma tendência nada saudável nos nossos hábitos alimentares.

Na medida em que as pessoas passaram a não precisar trabalhar tão arduamente para conseguir sua comida, nós nos tornamos preguiçosos e começamos a ganhar peso. Durante mais de um milênio, temos adicionado toxinas em nossa alimentação para manter as pragas afastadas, para fazer com que durem mais e sejam "mais saborosas".

Então conhecemos o fastfood. A sedução da conveniência, ótimo gosto e preços acessíveis fizeram o fast-food irresistível a muitos e, provavelmente, ele tem tido um papel importante na obesidade e no aparecimento de muitas doenças como as do coração, que tem sido o maior motivo de morte nos Estados Unidos.

Os Problemas de Saúde

Muitos dos problemas de saúde que infestam nosso mundo hoje em dia podem ser atribuídos, em parte, às escolhas do nosso estilo de vida. Obesidade, diabetes, colesterol alto, pressão arterial alta e doenças do coração podem ser, frequentemente, ligadas à nossa dieta. As gorduras, a falta de nutrientes, produtos químicos e conservantes em nossa alimentação estão fazendo coisas terríveis com nossos corpos.

É hora de fazer uma mudança e é hora de aprendermos com nossos antepassados. E é desse modo que a dieta Paleo entra em cena.

O Reaparecimento da Dieta Paleo

A dietaPaleo é uma resposta ao estilo de vida atual e aos problemas na dieta que muitos de nós estão enfrentando. Comendo e vivendo de um modo mais similar a como os nossos ancestrais viveram, nós podemos remover as toxinas e produtos químicos da nossa dieta e começara viver de uma forma mais saudável.

Além de produtos químicos e conservantes, há outro ponto preocupante na comida de hoje em dia - modificações genéticas. Nos últimos anos, o número de alergias alimentares tem crescido 400%. Hormônios de crescimento em carnes, alimentos irradiados, entre outros, tem causado mudanças corporais e essas mudanças não são para melhor.

Finalmente, pesticidas aplicados na maioria das frutas e vegetais que nós comemos são tóxicos aos nossos corpos. Embora muitas publicações Paleo não tratem da importância de comer alimentos orgânicos, o bom senso diz para eliminarmos todos os produtos químicos de nossa dieta.

O corpo humano está tendo problemas em adaptar-se e processar todos esses alimentos novos, e isso precisa mudar. Torna-se necessário voltar no tempo.

Se você está experimentando algum dos problemas de saúde que citamos, pode ser devido às suas escolhas de alimentação e estilo de vida. Adotar uma dieta Paleo pode fazer uma diferença significativa na sua vida.

É hora de comer e exercitar-se como nossos ancestrais, então vamos aprender como.

Primeiros Passos

Só por estar lendo este livro e ter decidido que você quer fazer uma mudança na sua alimentação e no seu estilo de vida você está muito a frente dos outros que ainda estão mergulhados na indecisão. Você pode abraçar o estilo de vida Paleo e mudar seu corpo externamente enquanto, internamente, melhora sua saúde.

Pensando na Comida

A maior exigência do estilo de vida Paleo está na mudança dos alimentos que você ingere e na abstenção de todos aqueles que contêm aditivos e conservantes. O único motivo de adicionar esses produtos químicos à alimentação é para dar mais lucro para as companhias que os vendem fazendo-os mais duráveis nas prateleiras dos supermercados e, supostamente, mais saborosos.

Um dos princípios que você precisa ter em mente quando você está em uma dieta

Paleo é o fato de que alimentos naturais, que são o que é bom para você, irão ter um ótimo sabor sem a adição daqueles produtos químicos e aditivos nocivos.

Mais a frente do livro, no Capítulo 5, falaremos dos diferentes tipos de alimentos que você precisa evitar. No Capítulo 4, o assunto será os alimentos que você pode comer.

Pensar nos alimentos que você está colocando no seu corpo é muito importante para o sucesso de um estilo de vida Paleo, especialmente no início. Logo você perceberá que quanto mais simples, melhor. Comprar o alimento certo evitando a tentação da comida rápida, barras de chocolate e lasanhas congeladas logo irá tornar-se a sua natureza.

Eliminar os alimentos empacotados e processados é o primeiro passo para dar início a um estilo de vida Paleo.

Tornando-se Ativo

Comer direito e simplificar o tipo de comida que você ingere - mas não o gosto - é apenas o começo. Embora uma dieta adequada seja uma parte essencial do estilo de vida Paleo, alimentação saudável é somente metade da batalha.

Você também precisa tornar-se ativo. Você provavelmente já encontrou muitas dietas da moda que alegam mostrar pra você como perder peso apenas com uma mudança da sua dieta e talvez alguns suplementos. Muitas delas podem até funcionar. Entretanto, para manter uma saúde geral ideal, você precisa incorporar exercícios e uma dieta saudável.

Esse conceito provavelmente não é uma revelação para você. Geralmente nós tentamos negar ou procurar alternativas aos exercícios, mas a verdade é que nossos corpos precisam deles. Nós falaremos mais profundamente sobre exercícios no capítulo 8.

O Fator Mental

Até agora nós tocamos nos aspectos físicos do estilo de vida Paleo - comer bem e fazer exercícios. Eles são dois ingredientes importantes na sua mudança de vida. Entretanto, sem *todos* os ingredientes certos, uma receita não irá funcionar.

Neste caso, o terceiro e final ingrediente é a energia mental. Você precisa ter *força mental e desejo de mudar* seus hábitos alimentares e começar a exercitar-se. Sem isso, você está fadado ao fracasso.

Lembre-se que qualquer decisão começa na mente. Sem um comprometimento total é bem possível que você voltará à sua antiga rotina. Isto geralmente acontece em épocas de estresse.

Se você criou um hábito alimentar quando estressado, e você geralmente come todos os alimentos errados, certifique-se que você tenha um estoque de petiscos saudáveis, com poucas calorias e compatíveis com aPaleo em sua casa. Você os encontrará mais adiante no livro.

Você pode fazer isso!

A parte mais difícil de adotar o estilo de vida Paleo é o início. Uma mudança de dieta e a adição de exercícios podem ser chocantes para uma pessoa comum que está acostumada a alimentos processados, açúcares refinados e falta de exercícios.

De fato, as primeiras duas semanas geralmente são as mais difíceis dependendo da severidade de sua dieta anterior e hábitos físicos. Carboidratos são transformados em açúcares pelo corpo então, se sua dieta era rica em carboidratos e/ou açúcares, você provavelmente achará esse período inicial bem desafiador.

O desejo por doces pode ser bem forte quando você começar a eliminá-los e é, frequentemente, comparado à desintoxicação de uma droga viciante. Você pode apresentar mudanças de humor, dores de cabeça, falta de clareza mental, ansiedade, depressão e falta de energia.

Isso faz as pessoas desistirem com frequência, decidirem que ou é muito difícil ou que a dieta Paleo não funciona por causa da forma como se sentem durante esse período inicial.

Esses sintomas normalmente somem depois das primeiras duas semanas e você deve começar a sentir-se bem melhor, como você nunca se sentiu antes. Os picos de açúcares serão coisa do passado e você sentir-se-á mais forte e saudável.

E é claro, você também deverá começar a ver os resultados na forma de perda de peso. Você irá gostar dessas mudanças e do modo como esse novo estilo de vida fará você se sentir. Será muito mais fácil manter-se no seu novo estilo de vida depois disso.

Os Benefícios à Saúde de uma Vida Paleo

Uma das razões que você está lendo esse livro provavelmente é porque você ouviu sobre alguns dos benefícios que a dieta proporciona. Você deve estar imaginando se você pode experimentar aqueles benefícios também.

Felizmente, existem benefícios muito reais e visíveis na dieta. E isso faz sentido também! A dieta consiste em alimentos saudáveis, naturais e alimentos não processados. A alimentação é rica em nutrientes e a adição dos exercícios faz com que o corpo transforme-se ainda mais rápido.

Perder Peso e Fortalecer-se

Com a combinação de alimentação saudável e exercícios a maioria das pessoas experimenta perda de peso e aumenta o tônus muscular, fazendo com que se sintam bem em relação a si mesmos e mais fortes. A quantidade de carboidratos em um estilo de vida Paleo é bem baixa e os carboidratos que você ingere são mais saudáveis e não são, geralmente, armazenados no corpo como gordura, já que muitos são queimados durante os exercícios.

Reduza a Pressão Arterial

Aqueles que seguem o estilo de vida Paleo irão afastar-se de muitas das coisas que contribuem para o aumento da pressão arterial, incluindo o sódio. Alimentos saudáveis e exercícios são dois fatores que ajudarão a diminuir a pressão arterial naturalmente e sem medicamentos.

Se você tem pressão arterial alta ou qualquer condição médica, você deveria sempre consultar seu médico antes de iniciar qualquer dieta ou mudança de estilo de vida. Entretanto, eles provavelmente apoiarão a Paleo já que ela segue, em linhas gerais, as recomendações que médicos têm insistido que seus pacientes sigam por anos.

Se você tem tido problemas com pressão arterial alta, o estilo de vida Paleo pode ajudar você a diminuí-la.

Reduz a Constipação

A dieta Paleo baseia-se em uma quantidade substancial de fibras saudáveis graças a todas as frutas e vegetais. Isso ajuda a reduzir a chance de constipação. Mais fibras na dieta também podem ajudar em outras áreas da sua saúde, incluindo a redução de colesterol, do risco de diabetes e de doenças coronarianas.

Algumas das principais causas de constipação são o consumo inadequado de água e a falta de fibras suficientes na dieta e de atividade física. Na medida em que o estilo de vida Paleoapóia o consumo de água acima de qualquer outro líquido, uma alta quantidade de fibras e exercícios regulares, a constipação poderá ser coisa do passado.

Reduz o Risco de Câncer

A Clínica Mayo[1] defende que o consumo de uma dieta saudável com muitas frutas e vegetais aliado à manutenção de um peso saudável e de uma vida ativa são fatores que reduzem o risco de câncer.

Apesar de não existir uma prova concreta, acredita-se que muitos pesticidas encontrados em nossa alimentação, em conjunto com os produtos químicos e conservantes que são adicionados, também podem contribuir para um alto risco de câncer.

Embora nada possa garantir que você nunca terá câncer se seguir um estilo de vida Paleo combinado com a escolha de alimentos orgânicos, você certamente estará reduzindo o risco.

---

[1] A Clínica Mayo é um hospital Escola nos Estados Unidos considerado um dos melhores do mundo.

Uma Lista Rápida

Aqui tem uma lista de alguns outros benefícios que as pessoas que seguem a dieta Paleo relatam. Tenha em mente que você pode não experimentar todos esses benefícios, mas você será mais saudável e experimentará muitos deles.

- Dormir Melhor

- Pele mais bonita

- Clareza mental

- Menos inchaço e gases

- Sistema imunológico fortalecido

- Redução de alergias

- Redução de inflamações

E Muito Mais

Você vai amar o modo como você se sentirá quando adotar o estilo de vida Paleo. Passe ao menos um mês com a nova dieta e registre a sua transformação. Tome notas de como você se sente e como você se parece dia a dia e, é claro, registre também sua perda de peso.

Você deverá ver uma diferença marcante em apenas algumas semanas, e essas mudanças saudáveis farão você continuar pelo resto da sua vida.

Tenha em mente que "Ser Paleo" não é apenas uma dieta da moda que você vai seguir por alguns meses para perder peso. Você não irá comer alimentos pouco comuns como biscoitos mágicos ou tomar sucos e/oushakes na maioria das suas refeições ou lutar contra a fome o tempo todo.

Aqui é onde ela se difere de muitas outras dietas. É realmente uma escolha de estilo de vida que você pode manter com você. Você será mais feliz, mais saudável e mais resistente e pode continuar a usufruir desses benefícios a vida toda.

Tipos de Alimentos a serem Consumidos

Aqui está a parte que você provavelmente estava esperando! Sem dúvida você está imaginando que tipo de alimentos você vai poder comer com a Dieta Paleo. Felizmente, você terá ótimas opções disponíveis. Vamos ver as gostosuras que você poderá comer!

Vegetais

Você pode comer todos os vegetais que você quiser na Dieta Paleo. Vegetais frescos são a melhor opção. Escolha espinafre, alface, brócolis, ervilhas, e todos os outros vegetais que você ama. Cenouras, rabanetes, pimentas e muitos outros são escolhas válidas quando você está vivendo o estilo de vida Paleo.

Sempre que você puder compre produtos frescos e orgânicos. É claro que possivelmente nem sempre será possível já que isso requer viagens frequentes ao supermercado para que você possa repor o estoque de vegetais antes que eles estraguem. Além disso, nem todos os supermercados e mercearias possuem uma vasta seleção de alimentos orgânicos, se é que possuem algum.

Alimentos Orgânicos são também mais caros em muitos casos e pode ser que não caiba no seu orçamento comprar orgânicos. Se for o caso, certifique-de lavar bem os vegetais para tentar remover qualquer resíduo de pesticida. Você geralmente encontrará produtos próprios para lavar frutas e vegetais que prometem remover esse tipo de resíduo.

Você também pode comprar vegetais congelados e mantê-los no freezer. Frescos são melhores, mas congelados funcionam bem também. Enlatados também são uma opção possível, mas eles nem sempre tem uma quantidade de nutrientes equivalentes aos vegetais frescos ou até mesmo congelados.

Frutas

Coma tantas frutas quanto quiser, assim como vegetais. Entretanto, você sempre vai querer certificar-se que você as está comendo frescas e não em compota. Frutas em compota geralmente tem conservantes e produtos químicos, além de açucares. E de novo, tente comprar produtos orgânicos sempre que possível. Lembre-se de que você está tentando evitar estas coisas. Não é porque a lata tem frutas que significa que é saudável.

Frutas têm gosto ótimo e são a opção perfeita para lanches e sobremesas. Elas têm açúcar e açúcares naturais podem ajudar a prevenir desejos por doce. Isto é muito importante nos primeiros dias e semanas que você está na dieta Paleo. Aqueles que têm a boca doce irão perceber que frutas podem frequentemente ajudar a segurar o desejo por doces.

Carnes Bovinas e de Frango

Carne é uma parte importante da dieta Paleo. Nossos ancestrais alimentavam-se de carne sempre que eram afortunados de caçar e tê-la disponível. Na medida em que você não tem mais que sair e caçar seu jantar - a menos que você queira - é mais fácil de pegar toda a carne que nós precisamos para o nosso consumo diário.

Você deveria tentar encontrar carnes bovinas e de frango que sejam livres de hormônios. Frangos e bovinos criados em muitas fazendas hoje em dia são cheias de hormônio e frequentemente criadas em condições insalubres e nocivas à saúde. Eles injetam hormônios de crescimento para que cresçam mais rápido e sejam abatidos mais cedo. Eles não são alimentos naturais que nós devamos consumir. Nós os ingerimos de supermercados e restaurantes e isto não é bom para nós.

Escolha carne que venha com a garantia de que não incluem hormônios e produtos químicos. Se você não puder encontrá-las no seu supermercado, você pode querer procurar em lojas de produtos naturais locais ou fazer pedidos online.

Quando você comprar carne, sempre compre os cortes mais magros. Você não vai querer adicionar gordura demais na sua dieta.

Peixe

Peixe pode ser muito bom para você. Eles contêm ácidos graxos Omega 3 que são saudáveis para seu coração e cérebro. E podem ajudar na prevenção de câncer também Algumas das melhores opcões de peixe incluem salmão e atum, mas quase todos os tipos de peixe funcionam bem.

Entretanto, você deveria tentar encontrar peixes que sejam frescos e não confinados. Fique longe de peixes criados em fazendas se possível.

Apesar de peixe ser bom pra você, apenas os coma durante uma ou duas vezes por semana. Peixe contém mercúrio, que pode ser nocivo em grandes quantidades, assim, modere na quantidade de peixe que você consome.

Caça Selvagem.

Caça Selvagem é um ótimo meio de conseguir carne realmente natural. Caças não tem nenhum hormônio ou produtos químicos, mas salvo se você for um caçador ou grande amigo de um, esta provavelmente não será uma opção.

Bebidas

Água é a melhor bebida para qualquer criatura viva. É uma ótima ideia ter pelo menos 2 litros de água fresca e filtrada todos os dias, embora durante sessões de exercício intenso você vá querer mais. Isso irá manter você hidratado e elimina as toxinas armazenadas no corpo. Ter um filtro de osmose reversa em casa é a melhor opção.

Você pode tomar café ou chá. Entretanto, é melhor usar café e chás orgânicos e sem os adoçantes tradicionais que são cheios de produtos químicos. Se você precisa de adoçá-los, considere usar um pouco de mel orgânico ou Stevia.

Oleaginosas

Oleaginosas, se não forem salgadas, são perfeitas para a dieta Paleo. Na verdade, elas são ótimas para o lanche, adicionadas em saladas e muito mais. Algumas das melhores opções são as amêndoas, pecans e nozes.

Condimentos e Temperos.

Você pode estar acostumado a usar condimentos para adicionar sabor à sua comida. A maior parte dos condimentos que você costuma usar provavelmente contém açúcar e produtos químicos que você quer evitar. Eles também são uma fonte inútil de calorias extra.

Entretanto, você ainda pode adicionar alguns tipos de condimentos para adicionar um pouco de sabor. Você só precisa usá-los de uma forma sábia. Aqui está uma pequena lista:

Suco de Limão

Alho

Pimenta do Reino

Pimenta Vermelha Moída

Vinagre

Orégano

Endro

Manjericão

Muitas outras ervas e temperos também irão funcionar bem com a dieta Paleo. Se você tiver em mente que você quer ficar longe de coisas como os produtos químicos, sódio e conservantes, é fácil fazer boas decisões no tipo de alimentos que você pode ou não pode comprar.

Há muitos livros de receitas Paleo disponíveis com centenas de receitas. Muitas receitas também podem ser encontradas online utilizando os grandes sites de busca.

Tipos de Alimentos a Serem Evitados

Agora que você está consciente dos alimentos que você pode consumir na Dieta Paleo, é hora de olhar o lado oposto do espectro. Todas as escolhas alimentares deste capítulo são itens que você precisa evitar.

Pães, Grãos e Cereais

Este geralmente é o mais difícil e eliminar. Quando você tem um estilo de vida Paleo, você deve evitar cereais, tortillas, pãezinhos, bolos, granola, e qualquer outro tipo de pão.

Eles possuem alta quantidade de carboidratos e calorias e devem ser evitados. Eles também contêm glúten. Embora seja um assunto altamente debatido entre a comunidade médica e naturalista, acredita-se que o glúten pode ser nocivo ao processo digestivo.

Contudo, existem muitas receitas de muffin, panquecas e muitas outras compatíveis com a Paleo que vão ajudar a satisfazer o desejo de comer pão. Mais tarde veremos uma receita deliciosa de muffin.

Laticínios

Todos os tipos de laticínios devem ser evitados. Isto inclui queijos, sorvetes e leite. A razão é devido à quantidade de produtos químicos e hormônios tipicamente encontrados nos mesmos pelo modo como são processados. Vacas leiteiras frequentemente recebem hormônios de crescimento para que elas possam produzir mais leite e serem mantidas em condições insalubres.

Uma alternativa para o leite comum é o leite de coco. Ele tem um gosto adocicado mas tem um sabor típico que algumas pessoas podem ter dificuldades em se acostumarem com ele.

Álcool

Álcool tem muitas coisas que você deve evitar na Dieta Paleo. Ele é cheio de calorias e carboidratos. Cerveja é cheia de glúten porque usam fermento no processo de fermentação. Elas são calorias vazias que irão desacelerar o seu corpo. É melhor evitar o álcool a todo custo.

Alguns que seguem a Dieta Paleoe querem tomar uma bebida socialmente de vez em quando poderão tomar uma taça de vinho. Ainda são calorias vazias, mas é a escolha mais saudável.

Doces

Você precisa abrir mão das guloseimas tradicionais como biscoitos, tortas, doces, bolos e balas. Elas têm muito açúcar. A boa notícia é que existem muitas receitas de doces compatíveis com a Dieta Paleo.

Sem Açucares

Aqui é uma coisa que você precisa saber. Mesmo balas sem açúcar devem ser evitadas na Dieta Paleo. Elas podem não conter açúcar, mas eles possuem sódio, produtos químicos, e outros ingredientes que podem ser nocivos para você.

Alimentos Gordurosos

Mantenha-se longe de alimentos fritos e gordurosos. É terrível para o coração, acrescenta calorias indesejadas e é ruim até para a sua pele. Se você tiver que fritar qualquer coisa você pode usar óleo de coco ou azeite ao fazê-lo.

Sal

Nós amamos nossos alimentos salgados mas eles não são bons para nós. Amendoim salgado, batatas chips e muitos outros são os petiscos mais populares do mundo. Eles são também os mais nocivos à saúde.

Estes alimentos cheios de sal causam a retenção de líquidos pelo corpo e podem deixar você inchado. Sal também pode aumentar a pressão arterial que é um problema de saúde muito mais sério.

Bebidas

Como mencionado anteriormente, água filtrada é a melhor escolha. Entretanto, pode ser bem difícil viver somente de água. Felizmente, há uma grande variedade de bebidas alternativas que são compatíveis com a Dieta Paleo.

Chá ou Café sem açúcar ou adoçados com Stevia ou mel são escolhas aceitáveis. Sucos de frutas frescas e smoothies de frutas sem leite são outras opções adicionais desde que nenhum açúcar seja adicionado.

Muitos tipos de sucos de fruta no mercado parecem saudáveis à primeira vista mas quando você olha os rótulos você percebe que muitos são cheios de conservantes e produtos químicos. E quase todos eles têm adição de açucar. Se você realmente quer beber sucos a melhor opção é investir em uma Centrífuga de Frutas[2] e comprar frutas frescas.

Refrigerantes, apesar de terem um gosto refrescante são repletos de açúcares, calorias vazias e produtos químicos. Ao contrário da crença popular, mesmo o refrigerante dietético deve ser evitado. A única diferença entre o refrigerante dietético e o normal é que o dietético possui adoçantes artificiais ao invés de açúcar que, na maioria das vezes,são tão nocivos se não mais do que o açúcar.

---

[2] Dependendo da marca elas também são conhecidas como Centrífuga Juicer ou somente Juicer.

E de novo, tente escolher cafés, chás e frutas orgânicas sempre que possível.

Faça a Lista de Compras

Iniciar uma dieta Paleo pode parecer muito intimidante, especialmente porque você não tem ideia do que comprar quando você for ao mercado. A lista neste capítulo irá dar-lhe muitas opções que você deverá comprar quando for ao supermercado e assim montar uma despensa e uma geladeira cheias de itens compatíveis com a Paleo.

Os alimentos nesta lista simples são apenas ideias para fazer com que sua mente trabalhe. Modifique-a até que você esteja satisfeito, mas mantenha os princípios explicados nos dois últimos capítulos de modo que você saiba o que você pode consumir e o que deve evitar.

Frutas e Vegetais Frescos

- Tomates

- Espinafre

- Limões

- Maçãs

- Laranjas

- Alface

- Brócoli

- Cenouras

- Cebolas

- Pepinos

Carne, Peixes e Frutos do Mar

- Bife

- Carne Moída

- Carne de Peru ou Carne de Frango Moída

- Frango

- Salmão Fresco

- Atum Fresco

- Atum Enlatado

Alimentos Congelados

- Vegetais Variados

- Brócolis

- Cenouras

- Ervilhas

Outros

- Café

- Chá

- Óleo de Coco

- Ovos Frescos

- Vinagre

- Azeite

- Oleaginosas

- Farinha de Amêndoas — preferencialmente descascadas

- Alho em pó

- Manjericão

- Pimenta do Reino

Você provavelmente encontrará todos esses ingredientes nos mercados do seu bairro. Os ingredientes incluídos nessa lista devem ter um preço acessível também. Um dos medos que muitas pessoas têm é que a dieta Paleo será muito cara, mas não tem que ser assim. Lembre-se também de escolher os cortes de carne mais baratos.

E é claro, nunca vá ao supermercado com fome. Você provavelmente comprará algo que não deve.

Saindo dos trilhos da Paleoe voltando ao caminho certo

Mesmo nos planos mais bem elaborados, existe a possibilidade de você cair em tentação, sair dos trilhos e começar a comer de um modo não saudável novamente. A dieta Paleo é uma mudança geral do estilo de vida, o que significa que você vai adotar este método o resto da sua vida. Entretanto, ainda é possível e muito provável que você saia dos trilhos uma vez ou outra.

Mantendo um registro desde o início

Um dos melhores meios de se manter firme é escrever um diário sobre sua experiência com a dieta Paleo. Você pode escrever as coisas que você come no seu dia-a-dia. Entretanto, você desejará fazer mais que um simples registro da sua alimentação.

Adicione alguns detalhes sobre como você se sente e os tipos de desejos que você tem. Escreva qualquer evento significativo que ocorra durante o dia e que mude seu humor para bom ou ruim. Ter um registro ajudará você a descobrir onde você pode escorregar.

O que faz você escorregar?

Se você tem um registro cronológico do seu progresso, a resposta é fácil. Tente descobrir o que tem feito você errar. Não é comum a decisão de pegar uma barra de chocolate ser aleatória, geralmente, algum tipo de evento precipitador ocorre.

Talvez você tenha tido um dia difícil no trabalho. Você pode ter problemas familiares ou no trabalho, ou talvez preocupações financeiras que estão gerando uma grande quantidade de stress. Frequentemente viajar, seja a trabalho ou de férias, pode fazer com que você se desvie do estilo de vida Paleo.

Estas são apenas algumas ocorrências que podem fazer com que você coma coisas erradas e, temporariamente, perca a perspectiva.

Por outro lado, algumas pessoas comem quando estão felizes. Se elas recebem boas notícias, elas querem sair e celebrar, e isso frequentemente envolve alimentos não saudáveis.

Não importa o tipo de alimentação emocional que você tenha – por estar feliz ou triste – ela pode destruir o seu novo estilo de vida.

Conhecendo desde o início o que faz com que você coma pode fazer com que você tome atitudes no futuro de modo a prevenir que isso aconteça novamente.

Subindo a bordo novamente

Voltar aos trilhos é fácil. É tão simples como quando você começou a dieta, então não se preocupe. Todos nós sucumbimos uma vez ou outra, então não deixe um pedaço de bolo ou um hambúrger desanimar você!

Se nós desitirmos de algo sempre que cometemos um erro, nós nunca chegaremos a lugar algum. Nós não nos manteríamos em empregos e abandonaríamos nossos filhos. É claro que não é esse o modo que lidamos com os problemas da nossa vida e, certamente, não é como devemos lidar com uma pequena deslisada alimentar.

Como na vida, uma das chaves de ser bem sucedido com o estilo de vida Paleo é a disciplina e a preparação. Você deve ter sua saúde como uma prioridade e dedicar o tempo e o esforço necessário para comprar os alimentos certos e aliar exercícios a isso.

Você precisa apenas voltar aos trilhos, permanecer anotando suas experiências e voltar aproveitar os benefícios da dieta Paleo.

Adicionando Exercícios à sua vida

Sim, a dieta Paleo é toda voltada para uma alimentação saudável. Entretanto, outro componente crucial são os exercícios. Não se preocupe, exercícios não tem que ser um trabalho árduo. Na verdade, eles podem ser bem prazeirosos. Você deve fazer *pelo menos* meia hora por dia de uma boa atividade aeróbica. Além disso, é recomendável entrar em algum tipo de treinamento de musculação pelo menos três vezes por semana.

E treinamento de musculação não significa levantar quantidades absudas de peso na tentativa de criar músculos e veias protuberantes como aqueles homens e mulheres de revistas de fisicultura. Você apenas precisa de alguma resistência na hora de trabalhar seus músculos, ou eles irão deteriorar com o tempo, causando muitos problemas adicionais de saúde e postura. Pesos livres, aparelhos e elásticos tensores serão suficientes.

Assim como alimentar-se direito irá se tornar sua segunda natureza em algumas semanas, o mesmo ocorrerá também com os exercícios. Se você mantiver uma rotina de exercícios regulares, você descobrirá que começará a sentir falta deles e no modo como eles fazem seu corpo se sentir. Você também perceberá que você se tornará mais forte, mais magro, e que você terá mais energia. Isso motivará você a não perder um dia sequer de exercícios.

Escolhendo o Tipo Certo de Exercício

A chave do sucesso com exercícios é escolher algo que você gosta de fazer. Se você iniciar um programa de exercícios que você detesta, as chances são que você não permanecerá executando-os por muito tempo. Procure por atividades que você ache gratificante e foque nelas. Todo mundo pode encontrar um tipo de atividade que goste. Aqui vão alguns exemplos.

- Treino Elíptico

- Peso Livre

- Natação

- Caminhada

- Corrida

- Esportes Coletivos

- Trilha

- Biclicleta

- Tênis

Essas são apenas algumas das atividades que você poderá fazer para conseguir o exercício que você precisa. Você se sentirá melhor a cada sessão, e você verá seu peso caindo enquanto seus níveis de força e energia aumentam.

Exercitando-se em Casa

Muitas pessoas hoje em dia simplesmente não podem arcar com os custos de uma mensalidade de academia, ou não gostam da ideia de ter que ir e voltar de uma só para exercitar-se. Não se preocupe, ainda é possível fazer algumas rotinas de exercícios ótimas em casa.

Alguns deles são óbvios, talez tão óbvios que você não preste atenção neles. Correr, andar a pé ou de bicicleta pela vizinhança é um ótimo modo de tornar-se ativo praticamente sem sair de casa. Se você tiver acesso a uma piscina, a natação é um dos melhores exercícios e também pode ser refrescante.

Para treinamento muscular existem muitas rotinas que poderão ser executadas em casa e não requerem equipamentos caros. Alguns exemplos de equipamentos baratos são elásticos de tensão, pesos de borracha, bolas de exercícios, barras para flexão e muitos outros.

Também existem muitos exercícios que não necessitam de equipamento como abdominais, agachamentos, flexões, flexões inclinadas e exercícios de braço usando uma cadeira ou mesa e muitos outros.

Não deixe o seu orçamento impedir você de entrar em uma melhor forma!

Receitas Paleo que tem um Sabor Ótimo (e são fáceis de fazer)

Nós não queremos deixar você finalizar o livro sem uma porção de receitas para ajudar você a começar. Depois de tentar essas receitas, comece a procurar mais delas online ou compre um livro de receitas Paleo. Você poderá encontrar ótimas opções que irão dar água na boca em qualquer um!

Hamburger Proteico

Ingredientes:

- 450 g de carne bovina moída

- ¼ colher de chá de cebola em pó

- ¼ colher de chápimenta do reino moída

- 1 abacate, fatiado

- 1 cebola, fatiada

- 2 tomates, fatiados

- 1 alface romana

Modo de Fazer:

Misture a carne moída, a cebola em pó e a pimenta. Divida em 4 partes iguais e molde na forma de hamburgers. Asse os hamburguers em um grill ou grelha até que estejam no ponto desejado e escorra a gordura. Coloque cada hamburger dentro de uma folha de alface, distribua sobre eles as fatias de cebola, de tomate e de abacate. Acrescente mais uma folha de alface para dar a ideia de um sanduíche e deguste. Serve 4 pessoas.

Salada Fácil de Atum e Espinafre

Ingredientes:

- 2 latas de atum (em água, não em óleo)

- 1 maço de espinafres frescos

- ½ cebola, em fatias finas

- 2 tomatos, em fatias finas

- 1 abacate, fatiado

- Vinagre (a gosto)

- Suco de Limão Siciliano (a gosto)

- Pimenta do Reino (a gosto)

Modo de Fazer:

Drene o atum. Combine em uma tijela grande atum, espinafre, cebola, tomate e abacate. Tempere com vinagre, pimenta e suco de limão que formam um molho de salada compatível com a dieta Paleo e de baixa caloria. Serve4 pessoas.

Salmão Assado com Nozes e Ervas

Ingredientes:

- 2 filés de salmão

- 1 colher de sopa de farinha de coco

- 2 colheres de sopa de salsinha

- 1 colher de sopa de azeite de oliva

- 1 colher de sopa de mostarda

- 2 colheres de sopa nozes picadas (nozes e castanhas de caju)

- Pimenta do reino a gosto

Modo de Fazer:

Pré-aqueça o forno a 240° C. Ponha o salmão em uma assadeira coberta com papel alumínio. Misture a mostarda e o azeite e então pincele a mistura sobre a superfície do peixe. Misture a pimenta do reino com as nozes picadas, a salsinha e a farinha de coco. Espalhe essa mistura sobre o salmão. Quando o forno estiver quente, asse o salmão por cerca de 12 minutos. Serve 2 pessoas.

ChiliPaleona Panela Elétrica

Ingredientes:

- 3 latas de molho de tomate

- 1 colher de sopa de pimenta malagueta em flocos

- 2 latas de tomate, cortados em cubos

- 450g de carne bovina orgânica moída

- 450g de carne de peru orgânica moída

- 1 cebola grande

- 2 pimentões

- 2 colheres de chá de alho em pó

- Pimenta do Reino a gosto

Modo de Fazer:

Refogue as carnes até dourarem e escorra a gordura. Adicione o alho em pó e pimenta do reino enquanto refoga. Adicione os ingredientes restantes na panela elétrica e misture. Cozinhe em temperatura baixa por cerca de 8 horas, mexendo de vez em quando. Adicione mais pimenta do reino ou alho em pó se necessário. Serve 3 pessoas ou mais.

Salada "Breakfast"[3]

Ingredientes:

2 ovos

- 1 colher de sopa de óleo de coco

- 100 g folhas jovens de espinafre

- ¼ xícara de pimentão verde

- 1 tomate, em cubos

1 abacate

- Pimenta do reino a gosto

Modo de Fazer:

Coloque o óleo de coco em uma frigideira e acrescente os ovos. Você pode cozê-los da forma que desejar: mexidos ou fritos de acordo com a sua preferência. Depois, faça

---

[3] Nos Estados Unidos e Europa a refeição mais importante do dia costuma ser o café-da-manhã (Breakfast), para eles o café da manhã é quase o que para os Brasileiros é o almoço. (Nota do Tradutor)

uma salada com os ingredientes restantes. "Decore" a salada com os ovos e então acrescente uma pitada de pimenta a mais se necessário.

Muffinsde Banana e Nozes

Ingredientes:

- 2 bananas

- 2 xicaras de farinha de amêndoas

- 1 colher de chá de essência de baunilha

- 1/3 copo água

- 3 ovos

- ½ xícara de Nozes Pecãs picadas

- ½ colher de chá fermento em pó

- ¼ xícara óleo de coco

- ¼ xícara de Stevia ou 1/2 xícara de "Applesauce"[4]

- 2 colheres de sopade mel

Modo de Fazer:

A Stevia fará com que os bolinhos fiquem mais doces. Se você não gostar do gosto da Stevia ou se você preferir os bolinhos menos doces use o "Applesauce".

Pré-aqueça o forno a 180° C. Descasque as bananas e amasse-as em uma tigela. Adicione os ovos, a baunilha, o Applesauce(se você não estiver usando Stevia) e a água e misture bem. Derreta o óleo de coco e adicione à mistura juntamente com o mel. Em uma tigela

---

[4] Applesauce é um purê de maçã muito consumido na Europa e nos EUA. No Brasil pode ser encontrado em algumas lojas de produtos importados ou você pode experimentar fazer em casa mesmo com uma receita simles: Cozinhe 1 quilo de maçãs e o Suco de 1 limão siciliano em ¾ xicara água em fogo baixo por cerca de 30 min ou até a maçã desmanchar. Se quiser adoçar um pouco adicione 1 colher de açúcar mascavo ou duas colheres de mel. Guarde em vidros bem fechados. (Nota do Tradutor)

separada, misture a farinha de amêndoas, o fermento, as pecãs e a Stevia(se você não estiver usando o Applesauce). Incorpore essa mistura à mistura líquida. Prepare formas de Muffins[5] colocando forminhas de papel ou untando-as bem com óleo de coco. Encha cada uma das forminhas até aproximadamente ¾ da capacidade e asse por 15-20 minutos.

Rolinhos de Frios, um petisco rápido e fácil

Ingredientes:

- 10 fatias finas e magras de peru, rosbife ou presunto

- 1 abacate, fatiado

- 20 tiras de pepino

---

[5] No Brasil as formas próprias pra muffin são as mesmas usadas para cupcake. Contudo, você poderá usar alternativas como forminhas de bombocado e até de petit-gateu dependendo do que você tem em casa ou encontra com mais facilidade na sua cidade (Nota do tradutor)

- 10 tiras de tomato – cortadas na vertical

Modo de Fazer:

Espalhe as fatias da carne escolhida numa superfície, coloque sobre cada uma duas tiras de pepino, uma tira de abacate, e uma tira de tomate. Enrole formando um rolinho que poderá ser servido como petisco para uma ou duas pessoas.

Mixde Cereais Paleo

Ingredientes:[6]

- 1 xícara Amêndoas Orgânicas

- 1 xícara de nozes Orgânicas

- 1 xícara de Pecãs Orgânicas

- ½ xícara de Sementes de Abóbora Orgânicas

- ½ xícara de Uvas Passas Orgânicas

- ½ xícara deCranberry Desidratado Orgânico

- ½ xícara deMirtilos (Blueberries) Desidratados Orgânicos.

- 1xícara de Tiras de Coco Orgânico, não adoçado

---

[6] No Brasil as formas próprias pra muffin são as mesmas usadas para cupcake. Contudo, você poderá usar alternativas como forminhas de bombocado e até de petit-gateu dependendo do que você tem em casa ou encontra com mais facilidade na sua cidade (Nota do tradutor)

Modo de Fazer:

O modo de fazer deste lanchinho delicioso não podia ser mais simples. Apenas misture todos os Ingredientes com a mão e então armazene em sacos plásticos bem selados até que você decida consumí-los.

Salada Simples com Carne

Ingredientes:

- 2 bifes cortados em cubos

- 2 xícaras de alfaces variados (americana, romana)

- 2 xícaras espinafre fresco

- Cebola e alho em pó a gosto

- Pimenta do reino a gosto

- 1 a 2 tomates

- ½ cebola, fatiada

    Azeite

- ¼ xícara Molho Inglês sem glúten

Modo de Fazer:

Primeiro, faça uma marinada colocando o bife (cortado em tiras ou pedaços) em uma sacola plástica junto com a cebola em pó, o alho em pó, o molho inglês e a pimenta do reino. Deixe descansar por várias horas. Quando estiver pronto, coloque a carne em uma frigideira com azeite e refogue-a em fogo médio. Cada lado deve cozinhar por cerca de quatro minutos. Quando os bifes estiverem cozidos, faça uma salada com alface, espinafre, cebola e tomates. Acrescente os pedaços de bife sobre a salada e aproveite. Serve duas pessoas.

Frango Assado ao Limão e Alho

Ingredientes:

- 1 Frango Orgânico Inteiro (cerca de 1.8 kg)

    1 Limão Siciliano

- 3 colheres de sopa de gordura de bacon

- 4 dentes de alho

- Pimenta do Reino

Modo de Fazer:

Pré-aqueça o forno a 240° C. Pique e combine o alho com a gordura do bacon. Use um mixerou processador para fazer uma mistura homogênea. Faça raspas com a casca do limão e acrescente-as à mistura. Coloque o frango em uma assadeira e cubra-o com essa mistura. Coloque um pouco da mistura sob a pele do frango. Corte o restante do limão ao meio e coloque-o dentro do frango. Salpique pimenta do reino e asse o frango no forno aquecido por cerca de uma hora.

É fácil e Delicioso

Tente essas dez receitas simples. Elas são todas fáceis de preparar. Se você está considerando o estilo de vida Paleo, tentar algumas destas receitas pode ser um grande modo de começar. Se você gostar delas, então você não terá nenhuma dificuldade em tornar-se Paleo.

Este é apenas o começo no que diz respeito às receitas Paleo. Você poderá encontrar incontáveis receitas on-line ou em uma grande variedade de livros disponíveis. Você pode descobrir que terá que abrir mão de alguns alimentos que você gosta. Entretanto, você frequentemente poderá achar um substituto compatível com a dieta Paleo que poderá ser tão saboroso quanto, se não for mais.

Você descobrirá que você vai se sentir melhor quando comer, algo que você pode não estar acostumado, mas que certamente você receberá de braços abertos!

Conclusão

Como você pode ver, não é difícil seguir o estilo de vida Paleo. Você pode ter uma alimentação saudável, exercícios, e mudar a sua vida por completo. A melhor parte é que você não tem que passar fome para fazer isso.

Nossos ancestrais descobriram algo com o modo como eles viviam. Eles não sabiam disso e realmente não tinham outra opção. Eles podiam não ter Internet ou Iphone, e eles podiam não ser capazes de assistir o último reality show na TV. Mas eles também não tnham problemas de saúde e obesidade que avassalam nossa sociedade hoje.

Inovações Modernas trouxeram até nós coisas maravilhosas, mas isso não é necessariamente verdade quando falamos de alimentação. A produção em massa dos alimentos hoje em dia tem nos introduzido alimentos nada saudáveis que estão cheios de produtos químicos, pesticidas e têm pouco valor nutricional.

As conveniências modernas, aliadas à tecnologia, fazem com que muitos de nós tenham vidas sedentárias como nunca antes.

É tempo de mudar sua vida para melhor, e o estilo de vida Paleo pode ajudar você a fazer isso. Você tem o poder de mudar. Mas isso requer disciplina, força de vontade e você deve fazer disso uma prioridade na sua vida. Se não for assim, você provavelmente voltará para o seu modo de vida antigo.

É mais do que um modo de perder peso. É uma escolha em ser saudável e recusar alimentos tóxicos que comumente são oferecidos a nós em mercados e restaurantes. É escolher comer alimentos que nossos corpos foram projetados para ingerir.

É uma escolha de criar tempo para fazer o exercício que o seu corpo precisa.

É o modo como nossos antepassados viviam.

O pagamento é enorme e vale qualquer sacrifício. Você se sentirá melhor, com mais energia, perderá peso e será mais saudável, e não importa a sua idade. Sua saúde e de sua família valem isso!

Comece agora e una-se às milhares de pessoas que já aderiram ao estilo de vida Paleo!